ロロ族の伝統衣装とししゅうのもよう

アジアの道案内
ベトナム

結婚式を見てみよう

● 谷阪智佳子 文・写真

玉川大学出版部

こんにちは、わたしはちかこ。
昔の人のくらしをしらべるのがすきで、日本のあちこちでお年よりから話をきいて研究している。
こんかいは日本をとびだして、ベトナムの結婚式を見にいくことになった。

ベトナムという国を知っている？　日本とおなじアジアの国だ。正式ななまえは、ベトナム社会主義共和国。人口は約9270万人で、54もの民族がいる。
いちばん多いのはキン族という民族で、そのほかに、ことばも文化もさまざまな少数民族が山間地を中心にくらしている。

首都は、ハノイ。でも、いちばん大きい都市はホーチミンだ。
ハノイは冬にさむくなるけど、ホーチミンは1年中あつい。
ベトナムは、1975年まで国が北と南のふたつにわかれて戦争を
していた。そのとき、北の首都がハノイで、
南の首都がホーチミンだった。

ある日、ベトナムから結婚式の招待状がとどいた。
友だちのティンくんからだった。

ティンくんはキン族のベトナム人で、日本の会社ではたらいていたこともある。

こんどうまれ故郷で結婚式をあげることになったという。

いざ、ベトナムへ出発！

大阪からハノイまで飛行機で5時間。ハノイからティンくんの家までバスで3時間。ティンくんの故郷タインホアは、田んぼにかこまれたのどかなところだ。

ティンくんの家では、もう結婚式の準備がはじまっていた。
かざりつけがすごくカラフル。親せきや友だち、そのこどもたちも来て、おおぜいが手つだっている。

「シンチャオ！」
これは、ベトナム語の「こんにちは」。

シンチャオ！
小さな男の子にあいさつをかえすと、こどもたちがあつまってきた。

準備をした人たちみんなで夕食だ。
野菜いため、ゆで鶏、青菜のスープ。しお味がきいていて、かむたびに
野菜や肉のうまみが口いっぱいに広がる。

ところでティンくん、ベトナムの結婚式ってどうやるの？

「まず、ぼくがおよめさんの家にいって、
あいさつの儀式と披露宴をします。
そのあと、およめさんといっしょに
もどってきて、こんどはぼくの家で
あいさつの儀式と披露宴をします。

あいさつの儀式は、ふたりでご先祖さま
に結婚の報告と誓いをするんですよ」

これは、結婚式の1週間まえにやった「求婚式」の写真です

「『求婚式』は、花むこが花よめの家におくりものを持っていき、
結婚のやくそくをする儀式です。

これは、おくりものを持って花よめのホアさんの家にいったところ。
家族や友だちもいっしょです。
まんなかであいさつしているのは、ホアさんのおじいさんと、
ぼくのおじいさん。

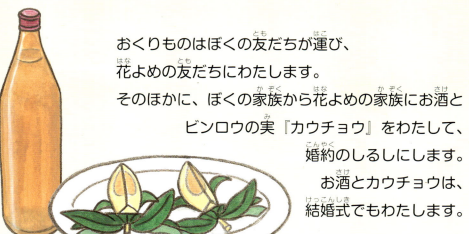

おくりものはぼくの友だちが運び、
花よめの友だちにわたします。
そのほかに、ぼくの家族から花よめの家族にお酒と
ビンロウの実『カウチョウ』をわたして、
婚約のしるしにします。
お酒とカウチョウは、
結婚式でもわたします。

友だちがおそろいで着ているのは、キン族の伝統衣装のアオザイです。黄色いドレスの女の子の左にいるのが、ぼくのおよめさんのホアさんです。

おくりものをご先祖さまの祭だんにそなえて、ふたりで結婚のやくそくのお祈りをしています。ついに結婚するんだ、とおもいました」

いよいよきょうは結婚式。うら庭の台所では、親せきの女の人たちが朝はやくから料理をつくるのにおおいそがしだ。

「皮をむいて切ってちょうだい」
ニンニクが山もりのボウルをわたされた。
「350人ぶんもあるのよ！」

ベトナムの結婚式は、たくさんの人がかわるがわるお祝いにやってくるから、料理もすごい量だ。

「これがきょうのごちそうよ。どの料理も何十皿も出すから、がんばってつくらなきゃ！」
たっぷりの野菜いために、新鮮な鶏肉のしおゆで、それに、ニンニクのかおりがたまらない焼きエビ！

ココナッツ入りのすこしあまいおこわと、よくあいそう。あげたての春巻きは、こどもたちに大人気！

- 豚肉とタロイモとネギのスープ
- あげ春巻き
- 豚肉のハム
- エビのニンニク焼き
- 青菜のいためもの
- ゆで鶏
- 牛肉と青菜のいためもの
- ハスの実とココナッツのおこわ

ティンくんのしたくもととのった。びしっとスーツにネクタイをしめて、バラのブーケを手にしている。

さあ、となり村までホアさんをむかえにいこう。

出発のまえに、親せきの人たちがお祝いのお金をくれた。これは結婚式につきもの。親せきのお兄さんは、ちょっぴりふんぱつしたみたい。

となり村までは、車で30分くらい。親せきや友だちが、いっしょにのりこんだ。

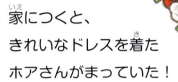

家につくと、きれいなドレスを着たホアさんがまっていた！

さいしょは「あいさつの儀式」。
仏間で線香をそなえて、ご先祖さまに結婚の報告をする。

儀式のあとで、ティンくんの家族からホアさんの家族に、お祝いのお金とお酒、カウチョウがわたされた。カウチョウを親せきのみんなでかむと、両家がむすばれたことになる。
花むこと花よめは親せきみんなにお酒をついで、結婚をみとめてもらう。

庭にはおおぜいのお客さんがまっていた。
あいさつの儀式がおわって花よめと花むこが出てくると、いっせいに拍手やくちぶえがわきおこる。にぎやかな披露宴がはじまった。

そろそろおしまいというころ、花よめから両親へのあいさつがあった。お客さんのなかには、ホアさんのなみだにつられる人もいた。

きょうはふたりの新しい旅だちの日。
大きな拍手につつまれて、ホアさんの家での披露宴がおわった。

いよいよ出発だ。
会場に入りきれなかった近所の人たちも、ホアさんを見送りに来ていた。
「ほんとうにきれいな花よめさんだこと！」

ホアさんの村をあとにして、ぶじにティンくんの家までやってきた。

門をくぐるときに、ティンくんのお母さんが、「ようこそ」というきもちをこめて、農作業などでつかう笠をホアさんの頭の上にかざした。
この地方では、昔からこうやって花よめを家にむかえ入れてきた。

まずは、ふたりでご先祖さまへあいさつをする。
長い線香をたてに3回ふって、結婚の報告と誓いのことばをいう。

「この人がぼくのおよめさんです。これからしっかり家族を守っていきます」

「これからおせわになります。どうぞよろしくおねがいします」

そして、線香を仏だんにそなえる。

ホアさんはティンくんの親せきにあいさつをして、お酒をつぎ、ティン家の人になったことをみとめてもらう。

庭で、おまちかねの披露宴がはじまった。

ふたりがいっしょにケーキを切り、指輪をこうかんすると、みんなが指ぶえや大声ではやしたてた。

つぎからつぎへとお客さんがやってくる。とおりすがりの人が来ても、きょうはだれも気にしない。

ティンくんとホアさんは、お客さんにあいさつしたりお礼をいったり、大いそがしだ。にぎやかな結婚式は夕方までつづいた。

日本にかえってから、ティンくんにメールを送った。
キン族の結婚式を見たら、ほかの民族の結婚式も気になってきたからだ。

To ティンくん

こんにちは。ティンくん、元気ですか。
このまえの結婚式は、とてもすてきでした。
さいきんはキン族の結婚式でも、
アオザイではなくドレスを着る花よめさん
が多いようですね。
ベトナムにはいろいろな少数民族が
住んでいますが、その人たちの
結婚式はどんなかんじですか？

From ちかこ

To ちかこさん

こんにちは、ちかこさん。ぼくは元気です。
北部の山地ハザン省には20以上の
少数民族がくらしています。結婚式には
伝統の衣装を着るそうです。ベトナムでは、
11月からよく年のテト（2月にある
旧暦のお正月）あたりまで、どこでも
たくさん結婚式がおこなわれるんです。
そのころなら、もしかしたら少数民族の
結婚式も見られるかもしれませんよ。

From ティン

そんなわけで、ふたたびベトナムへ。
こんどは、北部の山地ハザン省へ向かう。
冬のハザンは、日本とおなじくらいさむい。

少数民族ってどんな人たちだろう？
結婚式ではどんな衣装を着るのかな？

ハノイからバスで5時間半、ようやくハザン省にやってきた。
山はだには、たくさんの田んぼ。1段、2段、3段……数えきれない！
こんな風景がどこまでもつづいている。

ときどき、枯れ葉や木を山のようにせおった人とすれちがった。

ごはんをつくるときの燃料にするものだ。

ウシが田んぼを
たがやしているね。
このあたりは農業がさかんで、
田んぼで米をつくったり、
焼畑といって、山を焼いて
畑をつくったりする。

ルン・タム村にやってきた。ここにはモン族という民族が住んでいる。
あそこにいるおばさんは、なにをしているんだろう？

おばさんは、大きな糸車をまわして、麻の糸をつむいでいた。
麻から糸をつくるのは、とてもたいへんだ。
麻のくきの皮をはいで、きねとうすでなんどもたたいて、きれいにあらったら、なんども糸車にかけて、糸にする。
モン族は、昔からずっとこうやって麻糸をつくってきた。

シャー、トントン、シャー、トントン……
家のなかでは、おばあさんが麻糸をつかって、はたおりをしていた。できあがった麻布は、伝統衣装のスカートにつかわれる。
モン族は、麻布づくりだけでなく、染めものやししゅうもとてもじょうずだ。

うずまきもようは、モン族のシンボルみたいなもの。
わたしも伝統衣装を着て、麻糸をつむぐ。

モン族の人みたいにできるかな？

つぎにたずねたのは、
ルンクー村のロロ族。

庭先でおばさんが
ししゅうをしている。

糸は赤、白、ピンク、黄、緑、
青のあざやかな6色。
昔は、木の実などで染めた糸
をつかっていた。

布のうらをおもてにして、針を手まえから向こうに進めてはもどし、進めてはもどし……

かんたんそうにやっているけど、下絵やしるしはひとつもない。それなのに、ちゃんともようになっていく。

この布は伝統衣装になる。ぜんぶ手づくりだから、完成までに2年も3年もかかる。

これがロロ族の伝統衣装。さいきんは、とくべつな日にだけ着るようだ。

クアン・バ村に住むザオ族の集落にいってみると、民族衣装を着た女の人たちがあつまっていた。
「きょうは、近所で結婚式があるのよ」

ザオ族の結婚式について、教えてもらおう。
「ふつうはザオ族の人どうしで結婚するの。この集落のほかにも、いろんなところにいろんなザオ族が住んでいて、衣装もすこしずつちがうのよ。でも、結婚すれば、女の人は男の人の家のザオ族の衣装を着ることになるわ」

●ハザン省のナム・ティ村のザオ族

●ライチャウ省の
フォン・トー村のザオ族

結婚式をするのは、
あの家かな？

いってみると、2階で女の
子たちが結婚式の衣装を着
ているところだった。

かみの毛をゆっている白いブラウスの女の人が、花よめのトゥエットさん。
19歳で、30キロはなれたザオ族の村からおよめに来た。
いっしょに着がえているのは、みんな花よめのつきそい役。

花よめの衣装がどんなふうかというと……

この黒い衣装!
ふだんも着ているものだけど、これにとくべつなかざりをつける。

そういえば、庭先で黒の衣装を縫っているおばあさんを見かけたな。

とつぎ先のおばさんに手つだってもらう。

これで完成！

つきそい役の女の子がせおっているかさは、花よめがとつぎ先にくるときに、日よけにさすもの。

夕方、いよいよ結婚の儀式がはじまった。花むこと花よめをかくすように着ものがかけられて、つきそい役がふたりをそれぞれ家のなかにみちびいていく。

昔は、親が結婚を決めていたから、このときはじめておたがいの顔を見ることもあった。

しずかに、奥のご先祖さまの祭だんに向かう。

祭だんの横には、お膳が用意されていた。

祈祷師がふたりのしあわせを祈ることばをとなえる。

花むこと花よめは、結婚のしるしに、それぞれお酒をそっと飲む。
かぶっていたベールがあげられると、花よめはうしろのへやに入っていった。

花むこがわの男の人たちが、花よめのつきそい役たちをおもてなしする。「遠いところから花よめをぶじにつれてきてくれて、どうもありがとう」という意味がこめられている。

しばらくすると、みんないっせいにごはんを食べちらかした。「もう満足！　この先、そういえるくらい食べるのにこまらない、しあわせな生活ができますように」というねがいをあらわすためだ。
　　　　こうして、結婚の儀式はぶじにおわった。

外の台所では、男の人たちがあたたかい料理をせっせとつくっている。

どんな仕事や家事も、みんなでいっしょによくこなす。花むこのチュンさんも宴会場に料理をはこんでいく。

まだ小さいチュンさんの弟も、がんばって手つだっていた。

披露宴の時間がちかづくと、
つぎつぎにお客さんが
あつまってきた。

外にはったテントには、チュンさんの友だち。
家の庭には、親せきや近所の人たち。
わいわいがやがやと、夜おそくまでにぎわっていた。

チュンさんとトゥエットさんは、それぞれのテーブルをまわり、
お礼をいってお酒をくみかわしている。
1週間後、こんどはトゥエットさんの実家で、また披露宴をするそうだ。
いそがしそうだけど、ふたりともとてもしあわせそうにわらっている。

結婚式のつぎの日にはお礼の宴会があって、ご祝儀のおかえしに、親せきたちに豚肉がくばられる。

いつまでも、おしあわせに！

谷阪智佳子 ● たにさかちかこ

1976年奈良県大和郡山市生まれ。新鳥取県史編さん室執筆委員、日本民俗学会会員。近畿大学在学中に出会った民俗学を、日本各地の古老から見聞きし学んでいる。特に、様々な環境の下に育まれた衣食住や生業といった日常生活の知恵に興味がある。自著『自家用茶の民俗』（大河書房）や、共著『食の民俗事典』（柊風舎）、『日本の心を伝える 年中行事事典』（岩崎書店）のほかに、『新鳥取県史 民俗編』（鳥取県）、『亀山市史』（亀山市）などの自治体史を執筆する。

取材協力：小倉靖（ベトナムハザン省観光協会副会長）
　　　　　Lâm Dinh Luân（Jungleman Ha Giang Tour 代表）
写真提供：小倉靖（p28下2枚）

装丁：中浜小織（annes studio）
挿画：藤原ヒロコ
協力：Sola 1冊の本プロジェクト

編集・制作：株式会社 本作り空 Sola
http://sola.mon.macserver.jp

アジアの道案内　ベトナム
結婚式を見てみよう

2018年5月25日　初版第1刷発行

文・写真	谷阪智佳子
発行者	小原芳明
発行所	玉川大学出版部

〒194-8610　東京都町田市玉川学園6-1-1
TEL 042-739-8935　FAX 042-739-8940
http://www.tamagawa.p/up/
振替：00180-7-26665
編集　森 貴志

印刷・製本　創栄図書印刷株式会社

乱丁・落丁本はお取り替えいたします。
ⓒ Chikako Tanisaka 2018　Printed in Japan
ISBN978-4-472-06001-4 C8339 / NDC380